En el colegio
At school

MONTAÑA
ENCANTADA

Elisa Mantoni

En el colegio
At school

EVEREST

mochila
backpack

Por la mañana, el ratón corre para tomar
el autobús escolar.

cerdo
pig

autobús escolar
school bus

In the morning, the mouse runs to take the school bus.

volando
flying

saltando
jumping

7

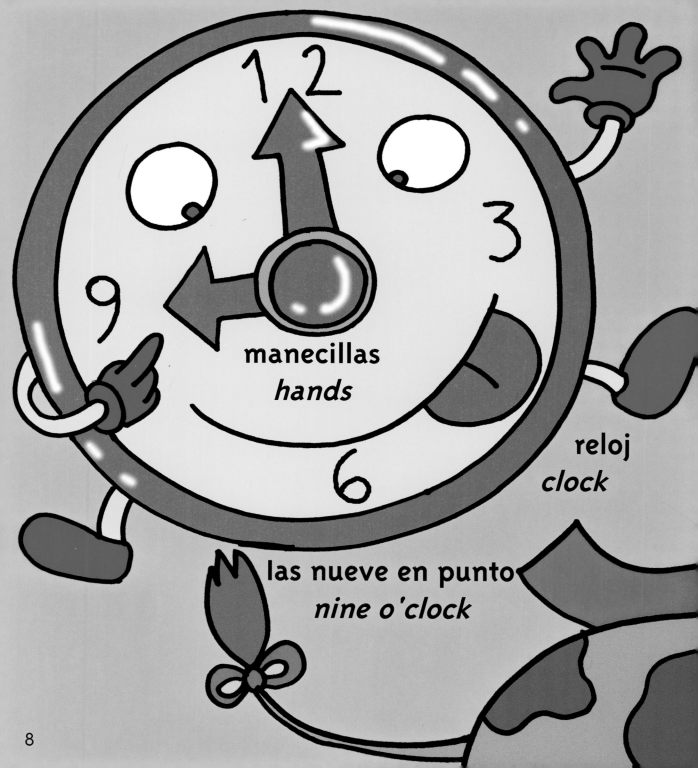

manecillas
hands

reloj
clock

las nueve en punto
nine o'clock

8

¡La vaca llega tarde!
The cow is late!

pato
duck

ratón
mouse

gato
cat

perro
dog

cerdo
pig

Hoy empezamos
con una lección
de inglés.
Today we start
with an English lesson.

pince
brush

El conejo lo prepara
todo para dibujar.
*The rabbit prepares
everything for drawing.*

papel
paper

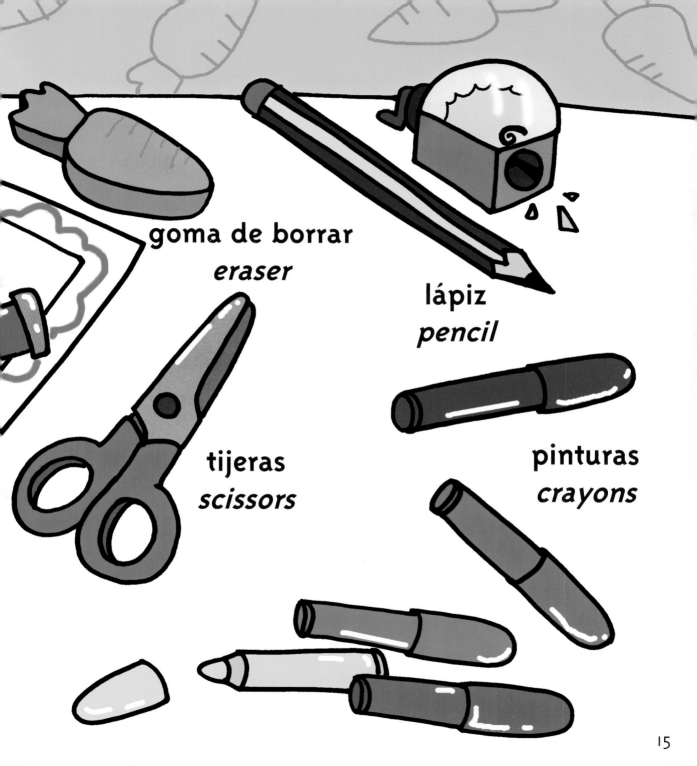

goma de borrar
eraser

lápiz
pencil

tijeras
scissors

pinturas
crayons

15

uno
one
1

dos
two
2

tres
three
3

cinco
five
5

seis
six

6

siete
seven
7

19

¡La campana suena!
¡Es la hora del
recreo!
The bell rings!
It is recess time!

El ratón come queso.
The mouse eats cheese.

El cerdo come
un bocadillo.
*The pig eats
a sandwich.*

La gallina come maíz.
The hen eats corn.

pillar
to catch

saltar
to jump

Durante el recreo, los niños juegan en el patio.
At recess time, the children play in the playground.

fútbol
soccer

Otros niños

dormir
to sleep

leer
to read

Es hora de la clase de dibujo.
It is time for art class.

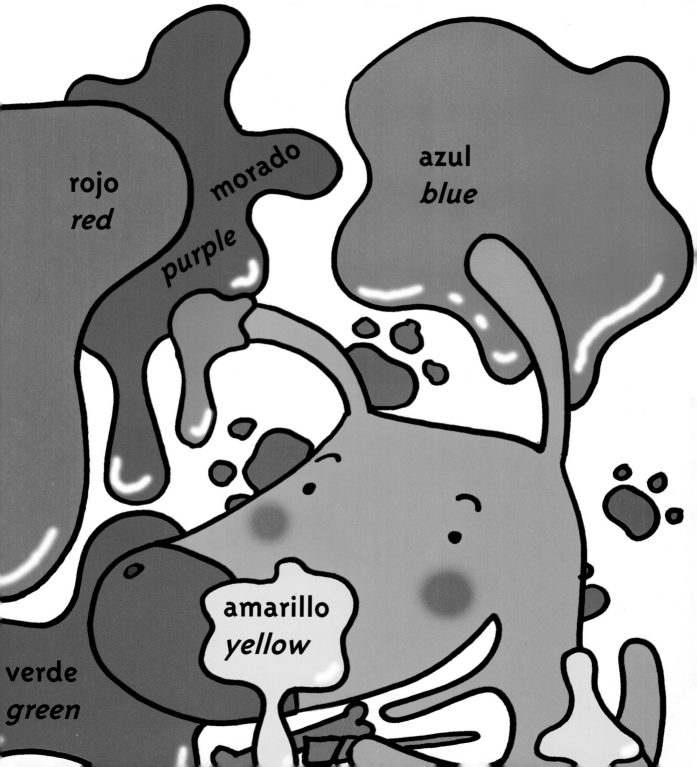

El pajarito dibuja a su familia.
The little bird draws his family.

hermana
sister

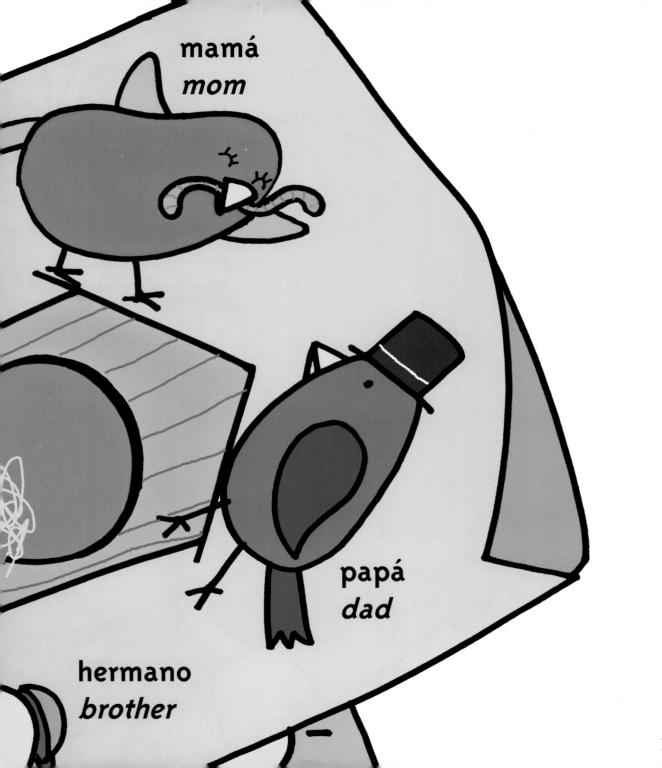

31

regla
ruler

celofán
cellophane

pegamento
glue

collage
collage

¡Las manualidades son muy divertidas!
Arts and crafts are lots of fun!

pizarra *blackboard*

Ahora debéis ordenarlo todo.
Now you have to straighten everything up.

puerta
door

suelo
floor

manzana
A is for apple

pájaro
B is for bird

taza
C is for cup

muñeca
D is for doll

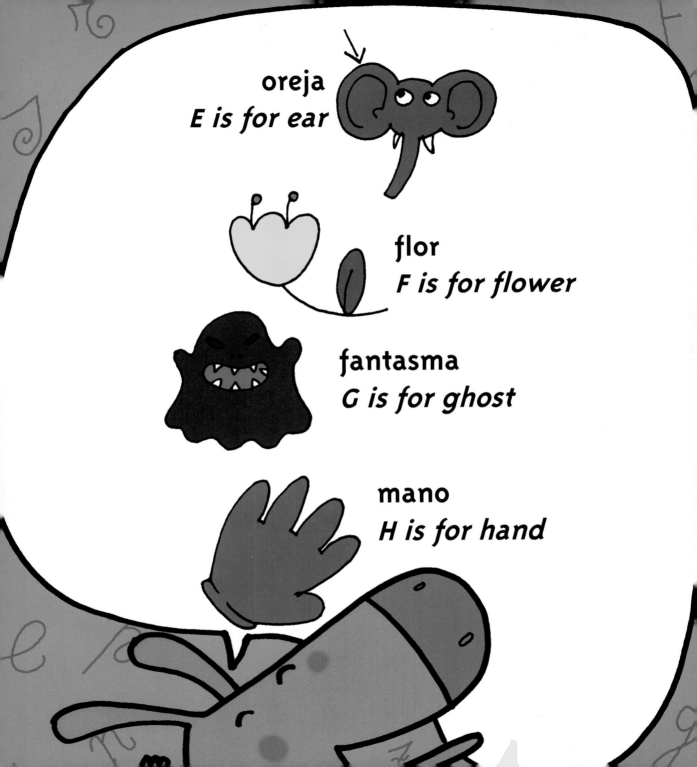

leche
M is for milk

nariz
N is for nose

zumo de naranja
O is for orange juice

almohada
P is for pillow

reina
Q is for queen

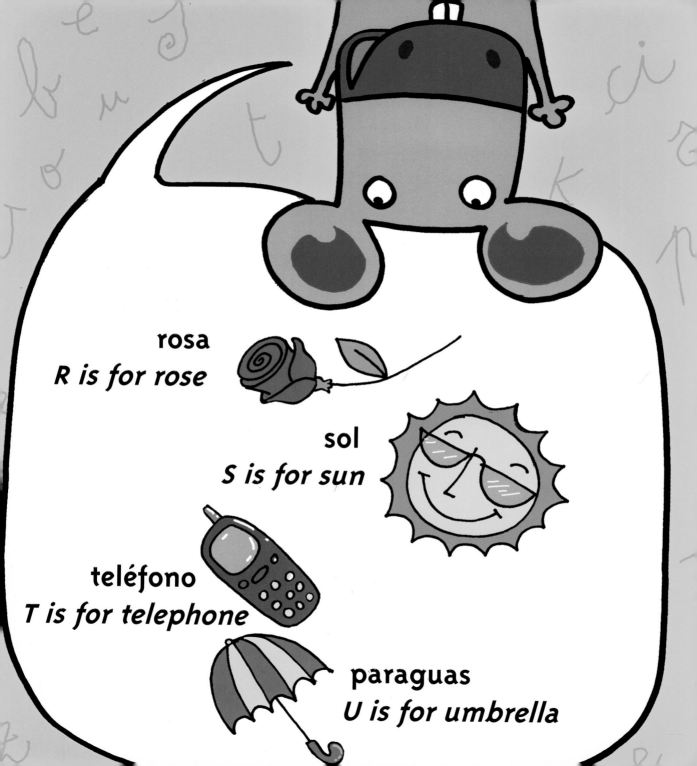

rosa
R is for rose

sol
S is for sun

teléfono
T is for telephone

paraguas
U is for umbrella

¡Cuando acaba la escuela,
todo el mundo se va a casa!
When school ends,
everybody goes home!

Dirección editorial: Raquel López Varela
Coordinación editorial: Ana María García Alonso
Maquetación: Cristina A. Rejas Manzanera
Diseño de cubierta: Jesús Cruz

© Elisa Mantoni
© EDITORIAL EVEREST, S. A.
Carretera León-La Coruña, km 5 - LEÓN
ISBN: 84-241-7857-2
Depósito legal: LE. 1093-2005
Printed in Spain - Impreso en España
EDITORIAL EVERGRÁFICAS, S. L.
Carretera León-La Coruña, km 5
LEÓN (España)
Atención al cliente: 902 123 400
www.everest.es